NAVIDAD
¡Jesús ha nacido!

Escrito por
Marlyn Evangelina Monge, FSP

Ilustrado por
Lisa M. Griffin

Pauline
BOOKS & MEDIA
Boston

Library of Congress Cataloging-in-Publication Data

Names: Monge, Marlyn, author. | Griffin, Lisa M., 1972- illustrator.
Title: Navidad : Jesús ha nacido / escrito por Marlyn Evangelina Monge, FSP ; ilustrado por Lisa Griffin.
Other titles: Christmas. Spanish
Description: Boston, MA : Pauline Books & Media, 2018.
Identifiers: LCCN 2018003116 | ISBN 9780819851925 (hardcover) | ISBN 0819851922 (hardcover)
Subjects: LCSH: Jesus Christ--Nativity--Juvenile literature. | Christmas--Juvenile literature.
Classification: LCC BT315.3 .M6618 2018 | DDC 232.92--dc23
LC record available at https://lccn.loc.gov/2018003116

Diseño por Mary Joseph Peterson, FSP

Ilustrado por Lisa M. Griffin

Traducido por María Teresa Pompei

Publicado por Pauline Books & Media, 50 Saint Pauls Avenue, Boston, MA 02130–3491

Impreso en EE. UU.

NJHN VSAUSAPEOILL5-710118 5192-2

www.pauline.org

Pauline Books & Media es la casa editorial de las Hijas de San Pablo, una congregación internacional de religiosas que sirven a la Iglesia a través de los medios de comunicación social.

1 2 3 4 5 6 7 8 9 22 21 20 19 18

A mis extraordinarios sobrinos y sobrinas
Gabriela, Cristian, Jonathan, Joseph, María Amada
y Sofía Noel: cada uno de ustedes es un don de Dios.
Deseo que tanto ustedes como todos los niños que lean
este libro, descubran, den la bienvenida y amen al mayor
regalo que este mundo jamás haya recibido: **¡Jesús!**

*«Y la Palabra se hizo carne y habitó entre nosotros.
Y nosotros hemos contemplado su gloria,
gloria que recibe del Padre como Hijo único,
lleno de gracia y de verdad».*

Juan 1:14

Hace mucho tiempo, Dios envió un ángel a visitar a una jovencita que vivía en un pueblito llamado Nazaret. El nombre de la joven era María. El arcángel Gabriel le traía un mensaje muy importante de parte de Dios.

Acercándose a ella, Gabriel le dijo: —Dios te salve, María. Llena eres de gracia. No temas. Dios te ama y quiere que seas la madre de su Hijo. Tendrás un niño y lo llamarás Jesús. Él será grande y será llamado Hijo de Dios.

Sorprendida por las palabras del ángel, María bajó la cabeza y preguntó: —¿Cómo puede ser esto? Todavía no estoy casada —María estaba comprometida en matrimonio con un hombre llamado José.

El arcángel Gabriel contestó: —María, esto sucederá por el poder de Dios. El Espíritu Santo descenderá sobre ti, pues nada es imposible para Dios.

María levantó la cabeza y dijo: —Yo soy la esclava del Señor. Que se cumpla en mí lo que me has dicho.

En ese momento, el Espíritu Santo descendió sobre María. Inmediatamente, Jesús, Hijo de Dios, comenzó a crecer en el vientre de su madre.

Poco tiempo antes de que María diera a luz, el emperador ordenó un censo. José le dijo a su esposa: —María, mi familia es de la ciudad de Belén. El emperador ha ordenado que todos vayan a ser contados a la ciudad de sus antepasados.

—¿Queda lejos de Nazaret? —preguntó María.

—Nos llevará, por lo menos, unos cinco días de camino, a pie —le dijo José—. Como el bebé va a nacer pronto, sé que no va a ser fácil para ti, pero tenemos que partir. Será un viaje largo, pero yo te voy a ayudar y cuidar. No te preocupes. Puedes viajar montada sobre nuestro burrito.

—Dios estará con nosotros —dijo María.

Al día siguiente, José, María y su burrito salieron hacia Belén. Fue un viaje difícil, pero María y José confiaron en que Dios los ayudaría.

Familias de todo Israel habían viajado a Belén para el censo y las posadas de la ciudad estaban llenas. A pesar de que José las recorrió todas, nadie les ofreció una habitación donde pudieran quedarse.

—María, hay un último lugar al que podríamos ir —dijo José dirigiéndose a otra puerta.

—Date prisa, José —dijo María con urgencia—. ¡El bebé está por nacer!

Abriendo la puerta, el posadero miró a María y a José y sacudió la cabeza: —Lo siento —dijo—. No tengo ningún lugar para ustedes. Mi posada está llena.

—Por favor, señor, ¿no tiene algún espacio donde podamos quedarnos? ¡Mi esposa dice que el bebé está por nacer! —explicó José.

Viendo el rostro cansado de María, el hombre contestó: —Pueden quedarse en el lugar donde guardamos a nuestras vacas y otros animales. Allí, por lo menos, no tendrán frío y estarán protegidos del clima.

María y José se miraron el uno al otro: —Nos quedaremos allí —José le dijo al posadero—. Gracias por su bondad.

Cuando María y José llegaron al oscuro establo, José encendió una lámpara de aceite. El establo habría estado muy frío si no fuera por el calor de los animales que ahí dormían. José limpió un espacio e hizo una cama de paja en una esquina. Los animales abrieron los ojos y observaron a María y José moviéndose de un lado a otro por lo que antes era un tranquilo establo.

—Ven, María —dijo José—, te ayudo para que te recuestes. Estarás más cómoda sobre la paja.

Los animales vieron cómo María doblaba lentamente las rodillas y se sentaba sobre la suave paja.

Poco tiempo después, el llanto de un bebé llenó el establo: —Al fin llegó —dijo María suspirando y sonriendo a su bebé—. Bienvenido al mundo, mi pequeño.

Afuera, una estrella, más brillante que cualquiera otra antes vista, resplandecía directamente sobre el establo. ¡Jesús había nacido!

María envolvió a su hermoso Hijo en unos suaves pañales. Lo abrazó y lo besó. En seguida le cantó suavemente mientras José ponía paja fresca en el pesebre que servía para poner la comida de los animales: —Sé que es algo muy sencillo, pero al menos el pesebre está limpio —comentó José.

María acostó al niño Jesús en el pesebre. Todos los animales se acercaron más y más para ver al recién nacido. Mirando a su bebé, María oró con alegría: —¡Gracias, Señor Dios, por habernos enviado a tu Hijo! ¡Confío en tu promesa de que él es nuestro Salvador!

Mientras María, José y los animales contemplaban a Jesús, otro maravilloso evento estaba ocurriendo en las colinas, afuera de las murallas de la ciudad.

Había pastores que vivían en esas colinas y que estaban vigilando a sus rebaños. De repente, una luz brillante iluminó el firmamento:

—¡Miren! —dijo uno de ellos señalando hacia el cielo—. ¡Es una estrella nueva!

Los otros pastores levantaron su mirada. Hasta las ovejas dejaron de comer para ver qué estaba sucediendo.

Enseguida un ángel se apareció a los pastores que se llenaron de temor por lo que veían: —No teman —les dijo el ángel—. Les traigo una Buena Noticia que le traerá una gran alegría a todo el pueblo.

Los pastores se reunieron para escuchar el importante mensaje: —Esta misma noche, el Salvador, el Mesías, les ha nacido en Belén —dijo el ángel—. Lo encontrarán envuelto en pañales y acostado en un pesebre.

De pronto se le unió al ángel una gran cantidad de ángeles alabando a Dios. Llenaron la noche con un bello cántico: —Gloria a Dios en el Cielo y en la tierra paz a los hombres de buena voluntad.

Cuando los ángeles se fueron, uno de los pastores dijo:
—¡Vamos a Belén inmediatamente!

—De acuerdo —repuso otro—. Vayamos a ver al Mesías que el Señor nos ha prometido.

Todos los pastores estaban muy emocionados. Llegaron a Belén y encontraron el establo. Asomándose, vieron que todo estaba exactamente como el ángel había dicho. Con tímidas sonrisas, se acercaron al pesebre y se arrodillaron ante el recién nacido.

Dirigiéndose a María, uno de ellos le dijo: —Somos pobres y humildes pastores. Gracias por dejarnos ver a este bebé tan especial.

María miró primero al niño Jesús, al que estaba arrullando, y después a los pastores. Les dijo: —Jesús ha nacido para todos nosotros. Gracias a *ustedes* por visitarnos en este simple establo.

Los pastores le contaron a María y a José todo lo que los ángeles les habían dicho. Cuando partieron, estaban llenos de alegría.

—¡Alabemos al Señor que ha hecho maravillas! —exclamó uno de los pastores.

—Es verdad, ¡el Mesías ha llegado! —dijo otro—. ¡Tenemos que darles la Buena Noticia a nuestras familias y amigos!

Los pastores no fueron los únicos que vieron la estrella. Tres hombres sabios también la vieron y sabían que anunciaba el nacimiento del Rey de los Judíos. Estos Magos, que venían de países al oriente de Israel, decidieron ir y adorar al Rey recién nacido. Montados sobre grandes camellos, siguieron a la estrella a lo largo de muchas millas a través del árido desierto.

Al pasar por las puertas de Belén, Gaspar se volvió y dijo a los dos magos que venían detrás de él: —¡Baltazar! ¡Melchor! Creo que casi llegamos a nuestro destino.

—Sí, parece que la estrella se ha detenido exactamente sobre ese lugar —dijo Melchor, señalando con el dedo.

Los tres continuaron hasta llegar al establo: —¿Dónde está el palacio?—se preguntó Baltazar—. Los reyes nacen en un palacio.

—Pero la estrella nos ha guiado hasta aquí —respondió Melchor—. Hemos viajado desde tan lejos . . . Mejor vamos a entrar.

Los Magos esperaban encontrar solo un establo lleno de animales durmiendo. Pero al desmontar sus camellos oyeron la voz de una mujer.

—Shhhh . . . —dijo la dulce voz—, es hora de que cierres los ojitos y te duermas.

Los Magos solamente oyeron como respuesta el tierno balbuceo de un bebé.

—Tal vez el rey *sí está* aquí —susurró Gaspar.

Los tres hombres bajaron las cargas que llevaban en los camellos y entraron al establo. A pesar de que todo el mundo en Belén dormía, los Magos encontraron a un hombre y una mujer sosteniendo a un bebé. Los animales los rodeaban para darle calor a la familia.

Melchor se aclaró la garganta y dijo: —Perdónennos por molestarlos; pero hemos viajado una larga distancia para poder adorar a este nuevo rey.

José puso su brazo alrededor de María y Jesús, y dijo: —Por favor; acérquense más. Este es Jesús. Tenemos muy poco que ofrecerles, pero son muy bienvenidos.

Los Magos se acercaron y se postraron en adoración ante Jesús.

—Cada uno de nosotros le hemos traído regalos —dijo Melchor—. Yo le traje oro al Rey de los reyes.

Gaspar abrió su regalo y una fragancia suave llenó el establo: —Mi regalo es incienso para el Rey quien, a la vez, es Dios.

—Y yo—dijo Baltazar —le traigo un regalo de mirra al Rey y Salvador de todos los hombres.

El niño Jesús miró a los tres hombres. Después, sonriendo, el bebé extendió los bracitos hacia ellos como si fuera a bendecirlos.

Cuando los Magos se fueron, María se acercó a su Hijo que ya empezaba a dormirse: —Te amo, mi niño —le susurró—. Es hora de que cierres tus ojitos.

Mientras Jesús se dormía y José traía paja fresca para los animales, María pensaba en todo lo que había sucedido. Mirando a su Hijo durmiendo plácidamente, oró diciendo: —Sin importar qué nos espera en el futuro, Señor, siempre te agradeceré por el mejor regalo que me has podido dar, el mejor regalo que este mundo puede recibir: Jesús.

La hermana Marlyn Evangelina Monge es una religiosa de la Congregación de las Hijas de San Pablo desde 2005. Sirve como editora de libros para niños y adolescentes en *Pauline Books & Media*. Antes de ingresar a la congregación, fue maestra de kindergarten bilingüe durante seis años y colaboró en el ministerio de catequesis de su parroquia; también fue ministra voluntaria del programa para adolescentes.

La hermana Marlyn posee una maestría en educación y su mayor satisfacción es ayudar a los niños a descubrir la riqueza de su fe a través de historias que ella escribe y edita. Es autora de muchos libros infantiles, incluido el libro *Jorge de Argentina*, el cual recibió un premio. La hermana Marlyn es orgullosa tía de tres sobrinos y tres sobrinas.

Lisa M. Griffin es una ilustradora especializada en cuentos para niños. Ha ilustrado más de una docena de libros, incluyendo su primera publicación como autora e ilustradora *«Hey Goose!, What's Your Excuse?»*. Posee un título de *Bachelor of Fine Arts* en ilustración y es miembro de «The Society of Children's Book Writers and Illustrators».

A Lisa le gusta pasar la mayor parte de su tiempo en su cómodo estudio de New Hampshire, saboreando una taza de té mientras dibuja y trabaja en ilustraciones para libros. Cuando no dibuja o sueña despierta, disfruta sus pasatiempos favoritos: leer, practicar yoga, tomar fotografías y estar con su familia.

¿Quiénes son las Hijas de San Pablo?

Somos religiosas católicas con una misión. Nuestra tarea es dar a conocer el amor de Jesús a toda la gente como lo hizo San Pablo. Nos encontramos en 50 países. Nuestro fundador, el Beato Santiago Alberione, nos enseño cómo llegar al mundo a través de los medios de comunicación. Por eso publicamos libros, hacemos películas y apps, grabamos música, transmitimos por radio, realizamos conciertos, ayudamos a la gente en nuestras librerías, visitamos parroquias, usamos medios sociales e internet, organizamos nuestras JClub (ferias de libros) y rezamos por todos ustedes.

Pauline
BOOKS & MEDIA

Las Hijas de San Pablo tienen librerías en los siguientes lugares. También nos puede encontrar en www.pauline.org.

CALIFORNIA
3908 Sepulveda Blvd, Culver City, CA 90230 — 310-397-8676
3250 Middlefield Road, Menlo Park, CA 94025 — 650-369-4230

FLORIDA
145 SW 107th Avenue, Miami, FL 33174 — 305-559-6715

HAWAII
1143 Bishop Street, Honolulu, HI 96813 — 808-521-2731

ILLINOIS
172 North Michigan Avenue, Chicago, IL 60601 — 312-346-4228

LOUISIANA
4403 Veterans Memorial Blvd, Metairie, LA 70006 — 504-887-7631

MASSACHUSETTS
885 Providence Hwy, Dedham, MA 02026 — 781-326-5385

MISSOURI
9804 Watson Road, St. Louis, MO 63126 — 314-965-3512

NEW YORK
115 E. 29th Street, New York City, NY 10016 — 212-754-1110

SOUTH CAROLINA
243 King Street, Charleston, SC 29401 — 843-577-0175

TEXAS
No book center; for parish exhibits or outreach evangelization, contact: 210-569-0500 or SanAntonio@paulinemedia.com or P.O. Box 761416, San Antonio, TX 78245

VIRGINIA
1025 King Street, Alexandria, VA 22314 — 703-549-3806

CANADA
3022 Dufferin Street, Toronto, ON M6B 3T5 — 416-781-9131

BIBLIA DE BOSQUEJOS Y SERMONES

TOMO 13

Apocalipsis

BIBLIA DE BOSQUEJOS Y SERMONES
Nuevo Testamento

Tomo 1	Mateo 1:1—16:12
Tomo 2	Mateo 16:13—28:20
Tomo 3	Marcos
Tomo 4	Lucas
Tomo 5	Juan
Tomo 6	Hechos
Tomo 7	Romanos
Tomo 8	1 y 2 Corintios
Tomo 9	Gálatas—Colosenses
Tomo 10	1 Tesalonicenses—Filemón
Tomo 11	Hebreos—Santiago
Tomo 12	1 Pedro—Judas
Tomo 13	Apocalipsis
Tomo 14	Índice general de temas